AF469856

MÉLODIQUE et PROGRESSIF

pour l'Etude des trois Clés d'ut usitées

avec Accompagnement de PIANO

PAR

EMILE DURAND

Prix net : 6f
Cartonné 30c en sus

Le même sans accompagnement _ Prix net : 2f
Cartonné 25c en sus

Cet Ouvrage fait suite au SOLFÈGE ÉLÉMENTAIRE du même Auteur

Paris, A. O'KELLY, Editeur, 11, Faubg Poissonnière
1887

SOLFÈGE

POUR L'ÉTUDE DES TROIS CLÉS D'UT USITÉES

par

ÉMILE DURAND

SYSTÈME DES CLÉS

Il est bon de connaître, dans son ensemble, le *système des clés*, avant de se livrer à l'étude particulière de chacune d'entre elles.

Voici quelques observations qui pourront faire comprendre ce système:

Le *do* qui se trouve sur une *ligne supplémentaire* au dessous de la *clé de Sol* et au dessus de la *clé de Fa*, tient juste *le milieu* entre ces deux clés, à *une quinte au dessous* de la première et à *une quinte au dessus* de la seconde.

En prolongeant la *ligne du do*, on obtient une grande portée de *onze lignes*, qu'on nomme *portée générale*, parce qu'elle renferme *toutes les petites portées* de cinq lignes dont on se sert pour écrire la musique.

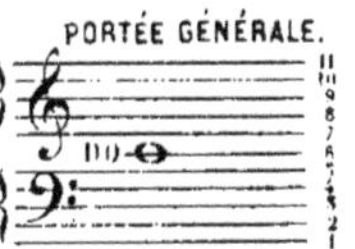

La clé de *do* trouve sa place sur la 6me *ligne* ou *ligne du milieu* de la *portée générale*. La clé de *Fa* y est sur la 4me *ligne* et la clé de *Sol* sur la 8me

Chacune de ces trois clés représente *un point fixe* de l'échelle musicale et ne peut être déplacée. Si l'on voit *la même clé* tantôt sur une ligne, tantôt sur une autre, dans la portée ordinaire, cela ne tient nullement au déplacement de cette clé, mais bien au choix qu'on a fait de *telles* ou *telles* lignes prises plus ou moins haut, plus ou moins bas dans la *portée générale* pour former de *petites portées de cinq lignes*.

Les deux tableaux suivants donnent une idée exacte des rapports qui existent entre les diverses positions des trois clés.

ÉCHELONNEMENT DES SEPT PORTÉES EN USAGE,

avec le *do* du *médium* pour point de comparaison.

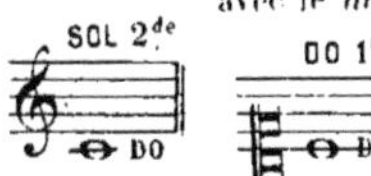

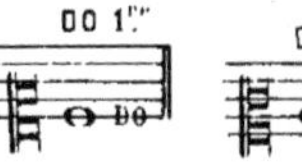

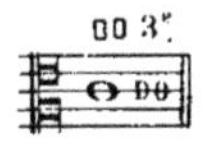

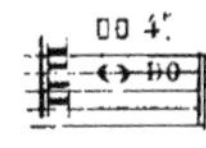

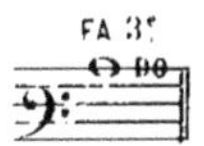

MÊME ÉCHELONNEMENT

en prenant pour point de comparaison la 1re *ligne* de chaque portée.

(N. B. Chacune de ces clés transpose à la *tierce inférieure* de celle qui la précède dans ce tableau.)

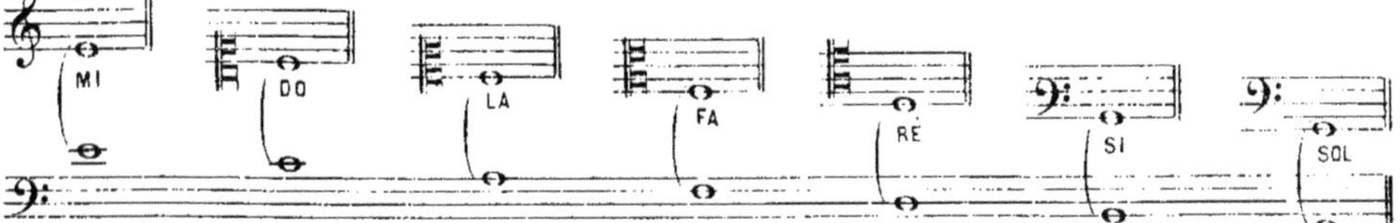

CLÉ D'UT OU DE DO 1re LIGNE

En plaçant la *clé de do* sur la 1re ligne de la portée, toute note écrite sur cette ligne est, nécessairement un *do.*

Ce *do* de la 1re ligne est à l'*unisson* de celui qui, en *clé de sol*, est placé au dessous de la portée et traversé par *une ligne supplémentaire.*

Si l'on compare *ces deux clés* entre elles, on constate que les notes de la *clé de do* sont à la *tierce inférieure* de celles qui occupent la *même position* sur la portée de la *clé de sol.*

En conséquence, on peut, pour apprendre à lire en *clé de do 1re ligne*, procéder *d'abord* par comparaison avec la *clé de sol* (qu'on doit connaître parfaitement,) et *transposer* toutes les notes de cette dernière à une *tierce plus bas*, de manière à substituer le *la* au *do*, le *si* au *ré*, le *do* au *mi*, etc.

On peut, aussi, s'aider du *calcul des intervalles* qui séparent une note d'une autre, le *point de départ* étant connu.

Ainsi, la 1re note de la leçon suivante étant un *do*, il est visible que la 2me note, qui est placée à une *tierce plus haut*, ne peut être qu'un *mi*; puis, que la 3me se trouvant à *un degré au dessous* de ce *mi*, est nécessairement un *ré*, etc.

N. B. La clé de *do 1re ligne* est celle dont on se servait naguère pour la voix de *soprano*; elle sert à transposer à la *tierce inférieure* la musique écrite en *clé de sol*.

Nº 2
Allegretto
p legato
p
1ª volta
mf sostenuto
mf
p
p
mf
D. C.
2ª volta
p
D. C.

Nº 3
Moderato
mf
p
f
legato

No. 4

Agitato

mf

mf

p

p

p cresc.

p cresc.

f

dim.

dim.

mf
mf
f
f
ff

And.no quasi allegretto
No. 5.
p
sostenuto
p
p
sf
p
p

poco a poco cresc
poco rit.
a tempo
poco rit
mf
mf

Andantino cantabile
Nº 6
dolce
p
sostenuto
mf
dolce
dolce
mf
mf
rit.
f
poco più vivo
poco più vivo
rit.
p
p
sempre legato
mf
mf

dolce
f
dim.
Andante
p
mf
cresc.
rit.

Nº 7

Moderato
p
sostenuto
p
1r. fois
1r. fois
cresc.
cresc.
f
D.C.
2e fois
D.C.
2e. fois
mf
mf

f
f
dim.
p
cresc.e poco rit.
a tempo

Andantino
Nº 8
p
f

cresc
dolce

Andantino con moto

N° 9

mf
dolce
p
p
cresc.
cresc.
f
f
f allarg. poco
a tempo

N° 10
And^te espressivo
mf
mf sostenuto
p
p
contando il basso
mf
dolce
p
dolce
3
1° tempo
mf
p
1° tempo
p

Tempo di minuetto
Nº 11
f
1a
2a
mf
f

p
p
mf
mf
p
f
f

N° 12

p e cresc.
p e cresc.
f
f
p e cresc.
p e cresc.
f
f
p
p
p
f
f

(1) Pour obtenir la légèreté nécessaire, ne prononcer que le nom de la *première note* de ces *triolets* et vocaliser les deux autres, de cette manière: Fa Sol Fa

p e cresc.
p e cresc.
f
p e cresc.
p e cresc.
f
f
f
f

N° 14
Andantino
p
p sostenuto
mf
mf
p
poco cresc.
poco cresc.
mf
mf

37

poco rit.
p
f
poco rit.
f sostenuto
sf
allarg. un poco

N° 15

Tempo di marcia

a tempo
sf
mf
a tempo
sf
mf

N° 16

Moderato

p
f

mf
p
mf
p
mf
p
p
f
f
f
f

Nº 17

p
mf
p
mf
p
f
f
rit.

CHANGEMENTS DE CLÉS

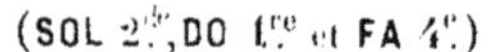
(SOL 2e, DO 1re et FA 4e)

Moderato.

N° 18.

cresc.
cresc.
f
ff
CHANGEMENTS DE CLÉS
(SOL 2de et DO 1re)
Andno quasi allegretto
No 19
p
p
cresc.
cresc.
cresc.
f
f
decresc.
decresc.
p

cresc.
cresc.

mf
cresc.
cresc.
f
f
decresc.
decresc.
p
p
sf
sf
sf
sf
p
p
f
f

CHANGEMENTS DE CLÉS
(SOL 2de DO 1re et FA 4e)

dolce
mf
poco allarg.
poco allarg.
p
a tempo
p sostenuto
sf
sf
sf
poco a poco cresc.
sf

Poco più largo
f
Poco più largo
f
poco stringendo
sf. p e cresc.
poco stringendo
ff
dolce
ff
dolce
f poco allargando
rit.
p
poco allargando
f
rit.
p
p
mf
p
mf

f
f
f
f
f
allarg.
allarg.
Andante
dolce
Andante
p e legato

CLÉ D'UT OU DE DO 4e LIGNE.

Les notes de la *clé de do 4me* sont à une *neuvième au dessous* de celles qui occupent la même position en *clé de sol* et à une *quinte au dessus* de celles de la *clé de fa 4me*

Si l'on examine bien les *tableaux* de la page 1, on doit voir, parfaitement, que la *clé de sol* occupe la *région de l'aigu* (celle des voix de femmes ou d'enfants,) et que la *clé de do 4me* (clé du Ténor) est vers la *région du grave* (celle des voix d'hommes.)

Il en résulte: 1° que les voix d'hommes sont à leur *diapason réel* en *clé de do 4me*, et à *une octave trop haut* en *clé de sol*; 2° que les voix de femmes ou d'enfants sont bien *à leur place* en *clé de sol*, mais à *une octave trop bas* en *clé de do 4me*

De sorte que, pour rester dans le registre vocal qui leur convient, hommes, femmes et enfants ne doivent faire, entre ces deux clés que la différence d'*une seconde* au lieu d'*une neuvième*; c'est-à-dire qu'ils doivent chanter la musique notée en *clé de do 4me* à *une seconde plus bas* que si elle était écrite en *clé de sol*.

chose écrite en clé de do 4me — doit se chanter comme ceci en clé de sol. — chose écrite en clé de do 4me — doit se chanter comme ceci en clé de sol. — chose écrite en clé de do 4me — doit se chanter comme ceci en clé de sol.

N° 21 Andantino

DO DO RÉ DO

mf
mf
SOL
a tempo
rit.
p
mf
MI
p
p

Andantino
Nº 22
dolce
p
poco rit.
a tempo
dolce
poco rit.
a tempo

rit.
Moderato
Nº. 23
mf
mf
p
p

mf
fp
fp
fp
mf
mf
p
sf
p
sf
sf
mf
mf

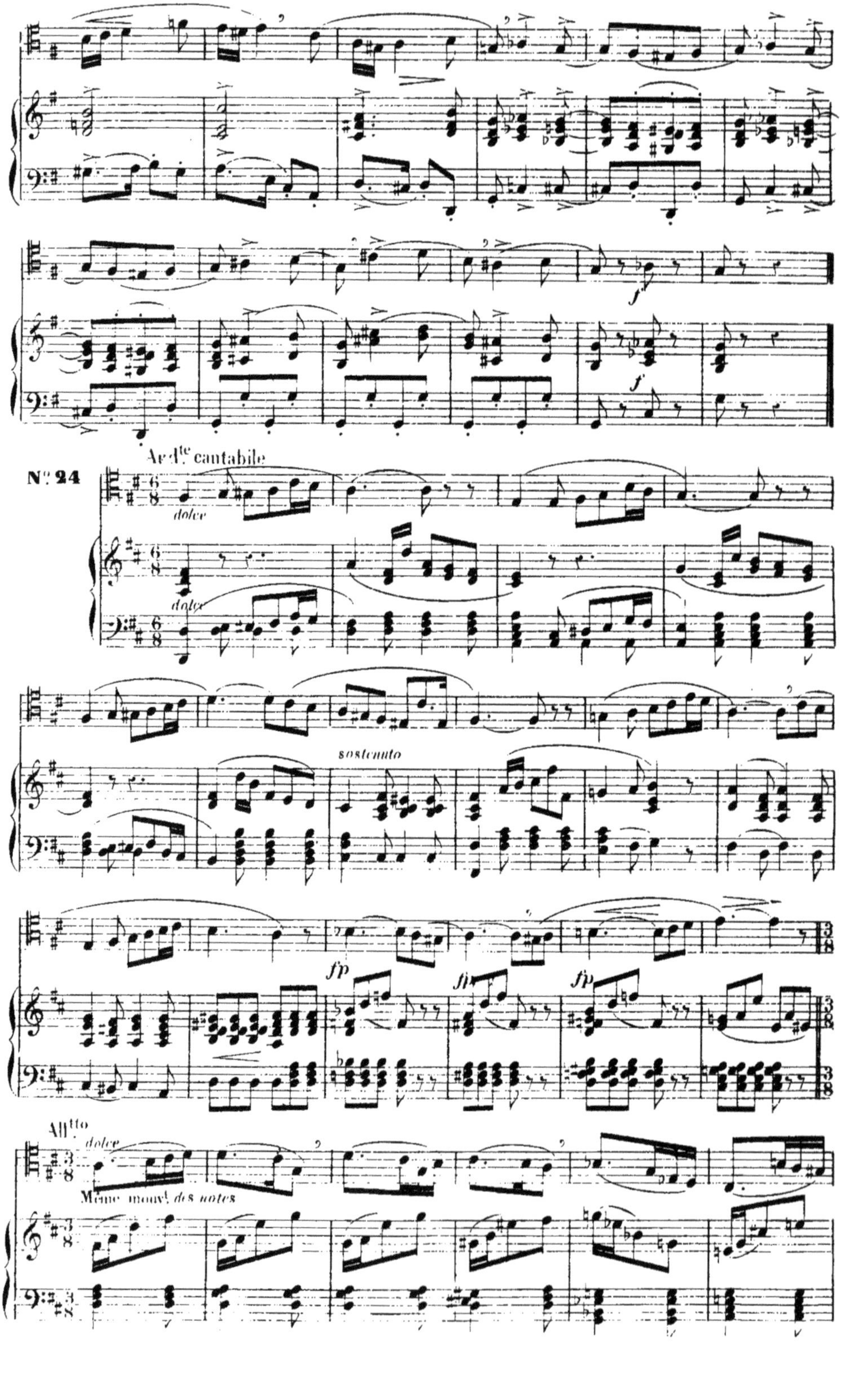

f

Nº 24

And^te cantabile

dolce

sostenuto

fp

All^tto *dolce*

Même mouv^t des notes

poco rit.

Moderato

Nº 25

mf

mf

FIN

segue

D.C.

D.C.

Adagio

N.º 26

p dolce

p

p

p

poco animato

poco animato

p

poco a poco cresc.

poco rit.
dolce
Iº tempo
p
sf
sf
decresc.
pp
pp
marcato il basso
Nº 27
Allegretto
sostenuto e ritmato
mf
f
mf
p
p
mf
mf

A. C

Andantino
N.º 28
p
p
p sostenuto
poco a poco crescendo
poco a poco crescendo

dim.
dolce
legato
dim.
dolce
Nº 29
Allº. modᵗᵒ. ben ritmato
mf
mf
8ª. bassa
f
p
f
f
p
f

f
p
dolce

cresc

ff
ff
Andᵗᵉ doloroso
Nº 30
dolce
p
poco animato e cresc.
poco animato e cresc.
rit.
Iº tempo
dolce
rit.
Iº tempo
p

Allegretto
p legato
p
f
f
f
p
p
poco a poco cresc.
poco a poco cresc.
mf

mf
mf
1ª
2ª
1ª
2ª
f
allarg. un poco
a tempo
a tempo
3
3
3
ff
Andno con moto
Nº 31
p
p

cresc.
cresc.
f
poco rit
f
1a volta
dolce
dolce
D.C.
2a volta
D.C.
dolce
p

cresc
cresc
f
poco riten
p
p
p
poco ritenuto
p
mf
mf
p

dolce
p
poco rall.
poco rall.
All.º mod.to
mf
f
mf
f
f
p
f
p

cresc.
cresc.
f
f
Allegro agitato
Nº 32
mf

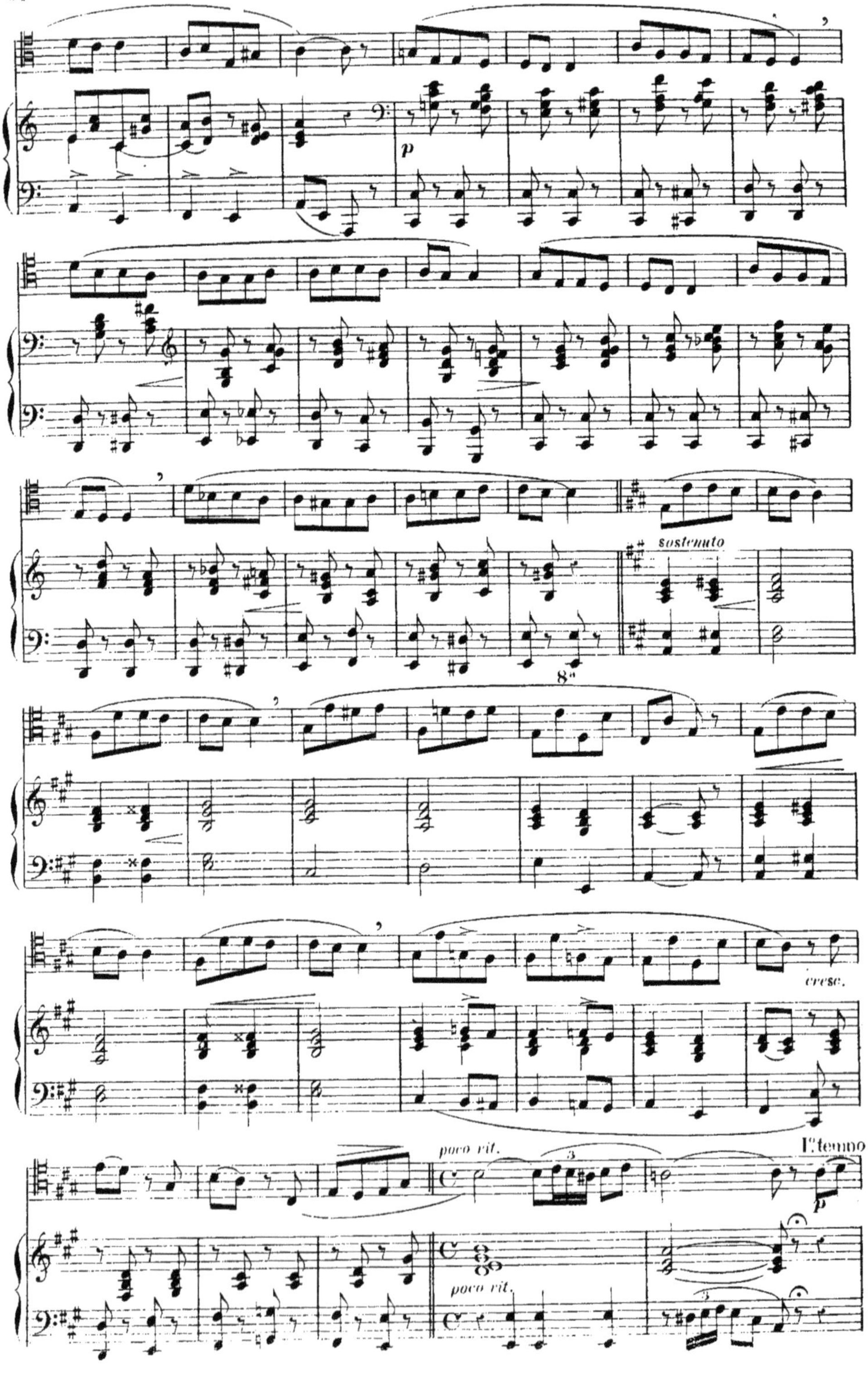

p

sostenuto

8a

cresc.

poco rit.

poco rit.

Iº tempo

p

cresc.
p
cresc.
f
sostenuto
f p
f p
f p
f p
poco cresc.
f p
f p
f p
poco rit.
1º tempo
mf
1º tempo
f
f
f

cresc.
cresc.
f
f
Nº 33
Larghetto
p
p sostenuto
8a bassa
p
p
p
sf
sf

sempre sostenuto

cresc.
cresc.
f
Nº 34
Allegretto
mf
mf

cresc.
f
f
p
cresc.
p
cresc.
mf
mf

p
cresc.
cresc.
p
p

cresc.
mf
cresc.
mf
f
f

Nº 35

cresc.
dim. e rit.
a tempo
a tempo
cresc.
dim. e rit.
cresc.
cresc.
cresc.
cresc.
cresc.
cresc.

CHANGEMENTS DE CLÉS

(DO 4e et FA 4e)

17

CHANGEMENTS DE CLÉS
(DO 4e et DO 1re)

N° 37

All° mod^to

rall. dolce
1º tempo
1º tempo
rall. p
dolce
mf
rit.
a tempo
p
f
dim.
mf
a tempo
p rit.
mf

cresc.
Plus large
f
dim.
cresc.
f
dolce
rit.
ten.
ten.
a tempo
mf
p
f
p
p
sf

cresc.
sf
f
dolce
fp
p
mf
ten.
suivez
1º tempo

CHANGEMENTS DE CLÉS

(FA et DO 4e)

p

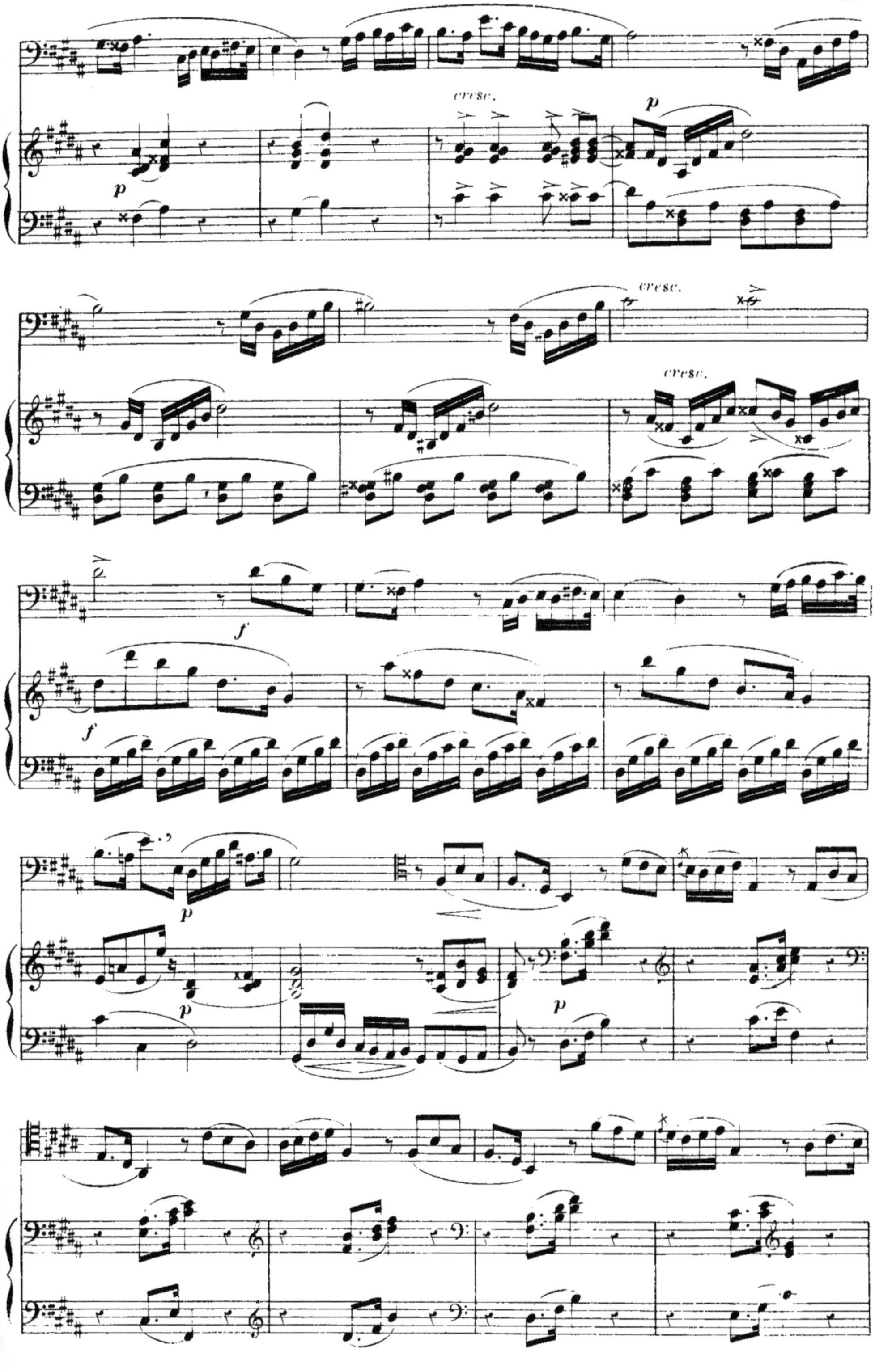
cresc.
p
cresc.
cresc.
f
f
p
p
p

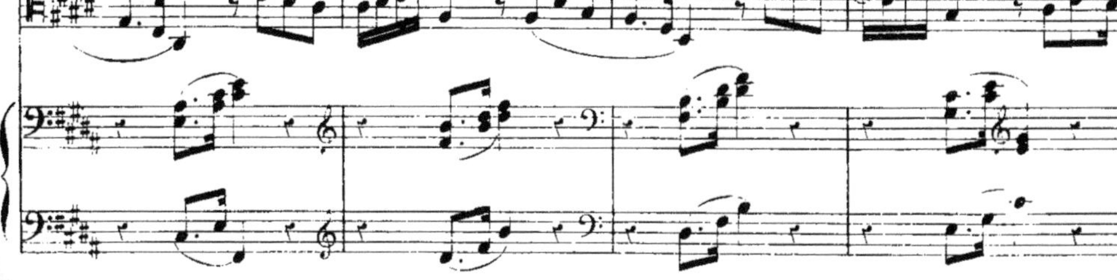

mf

mf

p

mf

mf

mf

cresc.

f

cresc.

ff

CHANGEMENTS DE CLÉS

(SOL, DO 1re et DO 4e)

No. 39

Andantino

Récitatif

dolce p

mf

sf

dolce

sf

sf

All.° non troppo
Mod.to
f
f
f
p
Mod.to
p
p
p
poco a poco cresc.
poco a poco cresc.
rit.e dim.
a tempo
1.a
f
a tempo
f
rit.e dim.
p
f

dolce
p
rit.
a tempo
mf
sf
allarg. un poco
f
poco animato
2ª
p e cresc.

CHANGEMENTS DE CLÉS

(DO 1re et 4e SOL et FA)

All? moderato

Nº 40

f

mf

dolce
dolce
f
fp
p
fp
fp
p
fp
p

p
f
fp
dim.
dolce
p

CLÉ D'UT OU DE DO 3e LIGNE

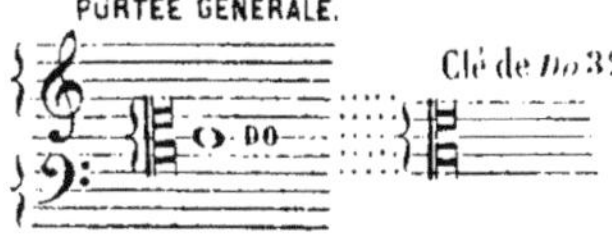

En prenant les *cinq lignes du milieu* de la portée générale, on obtient la *clé de do* sur la *3me ligne*.

Les notes de la *clé de do 3me* sont à une *septième au dessous* de celles de la *clé de sol* et à une *septième au dessus* de celles de la *clé de fa 4me* qui occupent la *même position* sur leurs portées respectives. La *clé de do 3me* est donc celle du *médium*.

N.B. C'est sur cette clé qu'on écrivait le *Contralto*, (voix grave de la femme) et la *Haute-contre* ou 1er *Ténor* (voix aigüe de l'homme.)

Si, pour la lecture de la *clé de do 3me* on veut procéder par comparaison avec la *clé de sol*, il sera plus facile de trouver le *nom des notes* de cette nouvelle clé à la *seconde supérieure* qu'à la *septieme inférieure* où, pourtant, se trouve leur véritable diapason.

Parmi les leçons suivantes, les unes sont écrites pour voix de *femmes ou d'enfants*, les autres pour *voix d'hommes*. Chacun chantera à *leur véritable diapason* les leçons écrites pour sa voix; les *hommes* chanteront à *une octave plus bas* les leçons écrites pour voix de *femmes ou d'enfants*; *ceux-ci* chanteront à *une octave plus haut* les leçons écrites pour les voix d'h

VOIX DE FEMMES OU D'ENFANTS (*)

(*) Les *hommes* chanteront cette leçon à *une octave au dessous.*

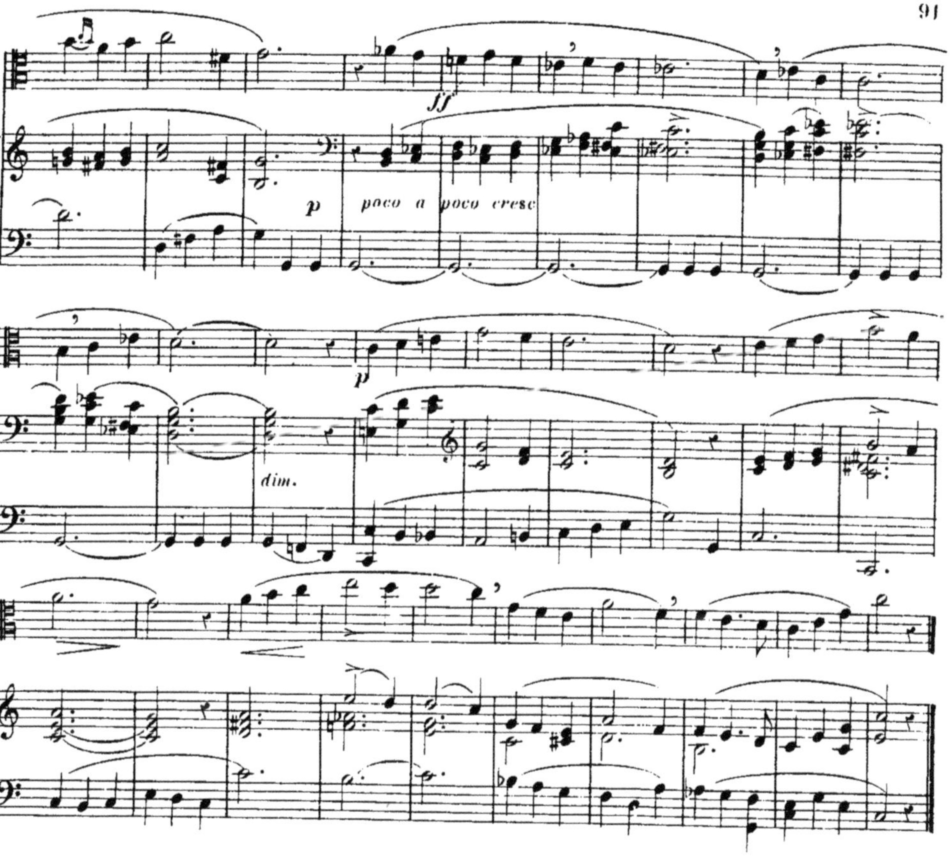

ff

p poco a poco cresc

p

dim.

VOIX D'HOMMES (*)

Allegretto

Nº 42

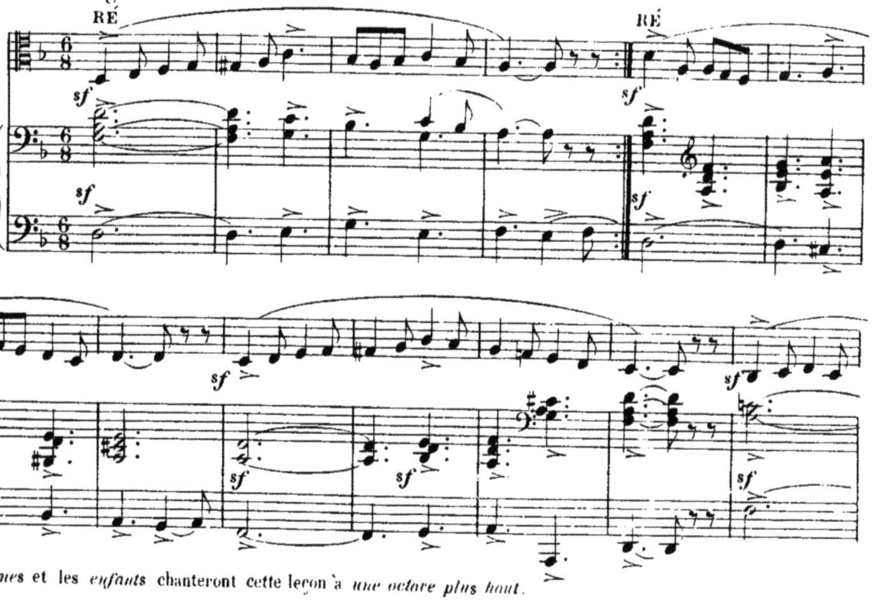

RÉ

sf

RÉ

sf

(*) Les *femmes* et les *enfants* chanteront cette leçon à *une octave plus haut.*

sf
sf
sf
sf
sf
sf
sf
sf
sf
sf
sf
sf
sf
sf
sf
sf
sf
sf
sf

sf
VOIX DE FEMMES OU D'ENFANTS.
Andte. con moto
No. 43
p tristamente
p sostenuto
f
p
rall.

a tempo
p cresc.
f
a tempo
f
f rall.
Poco più largo
p
fp
fp
pp
pp
VOIX D'HOMMES
Andantino
Nº 44
p
p sostenuto
sf
mf
mf

p
sf
mf
dim.
sf
p
mf

VOIX DE FEMMES OU D'ENFANTS

Nº 45

Moderato

p

p

cresc.

cresc.

f

p

sostenuto

f

p

cresc.
cresc.
f
p
p
f
mf
mf
f
cresc.
f
cresc.
f

VOIX D'HOMMES

VOIX DE FEMMES OU D'ENFANTS

Poco animato

mf

Poco animato

mf

dim.

dim.

p

f

f

f

pp

crescendo

allarg.

dolce

rit.

And.no

dolce

And.no

p e legato

sf

p e legato

sf

rit.

a tempo

a tempo

rit.

dolce

VOIX D'HOMMES

mf
f
FIN
p
sf
poco rit.
a tempo
D.C.

Mod^to ma tempo giusto

N° 49

mf
mf
p
p
sf
sf
sf
poco a poco crescendo
f
p e leggiero
sf

sf
cresc.
f
sf
f
VOIX D'HOMMES
Allegretto
Nº 50.
p e leggiero
p
poco a poco crescendo
mf
p
p
cresc.
f
f

VOIX DE FEMMES OU D'ENFANTS.

Allegretto giusto

Nº 51

p
p
f
f
p
sf
mf
mf
mf
p
marcato
p
p

allargando
1° tempo
mf
p
f
1° tempo
sf
ff

VOIX D'HOMMES.

sf
sf
sf
8
sf
sostenuto
f
p
p
p
p
mf
mf
f
f

N° 53.
Tempo di valza
f
p
f
1ª
p
mf
sf
mf

f
f
2a
f
dolce
p
mf
dolce
p

dolce
p
dolce
p
f
p
f
p
1° tempo
poco rit.
f
f
p

f
f
f
f
poco rit.
a tempo
ff

VOIX D'HOMMES

N°54

cresc.
poco rit.
poco rit.
p
cresc.
cresc.
1º tempo
poco rit.
p
p

f
f

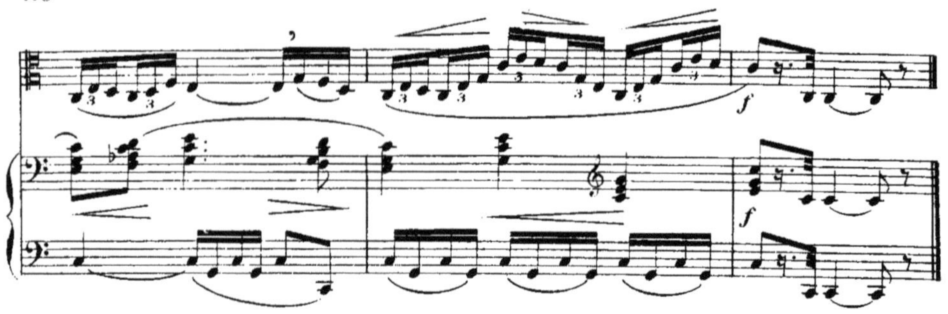

VOIX DE FEMMES OU D'ENFANTS

N° 55

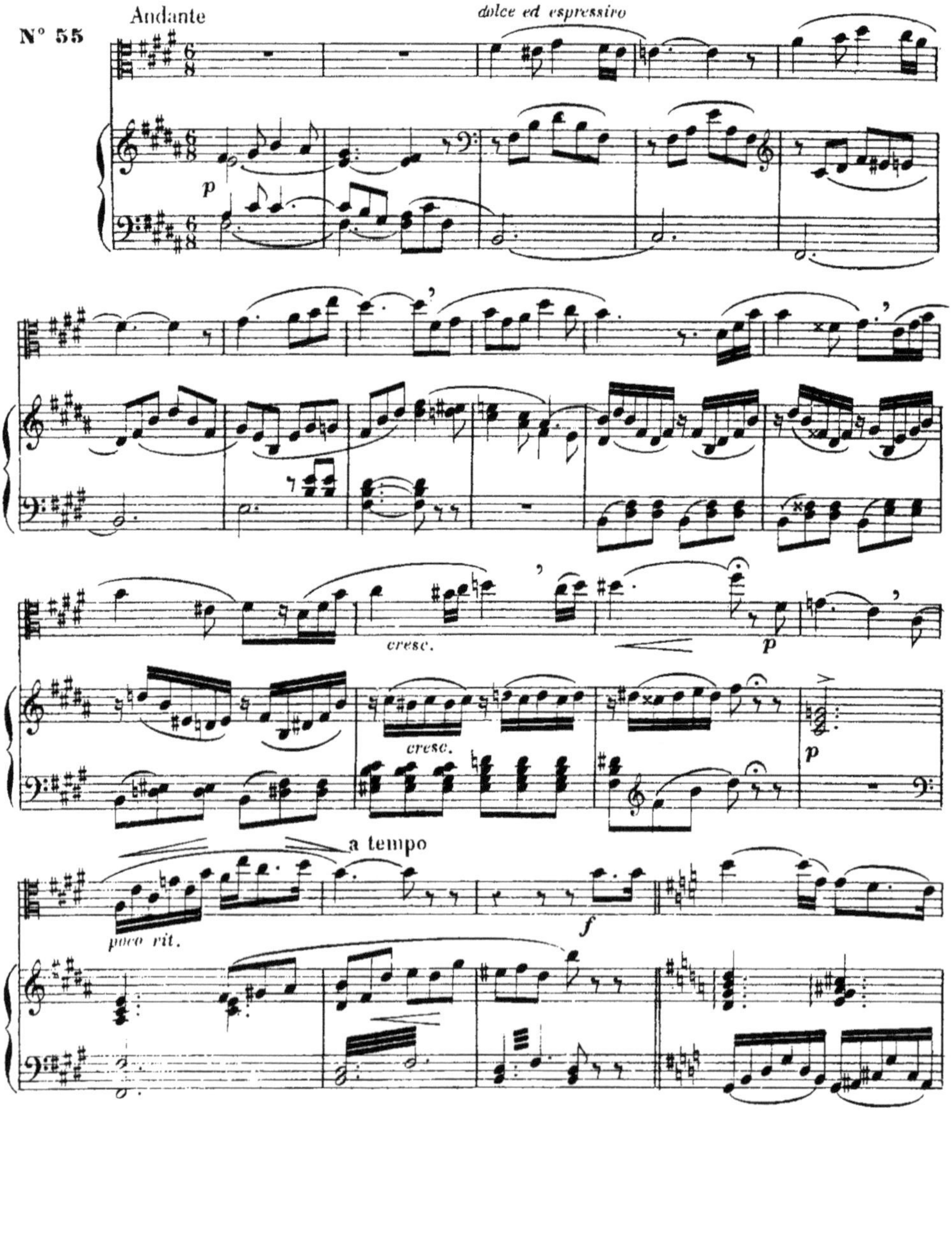
Andante
dolce ed espressivo
p
cresc.
cresc.
p
p
a tempo
poco rit.
f

dolce
cresc.
cresc.
sostenuto
f
f

VOIX D'HOMMES

A.

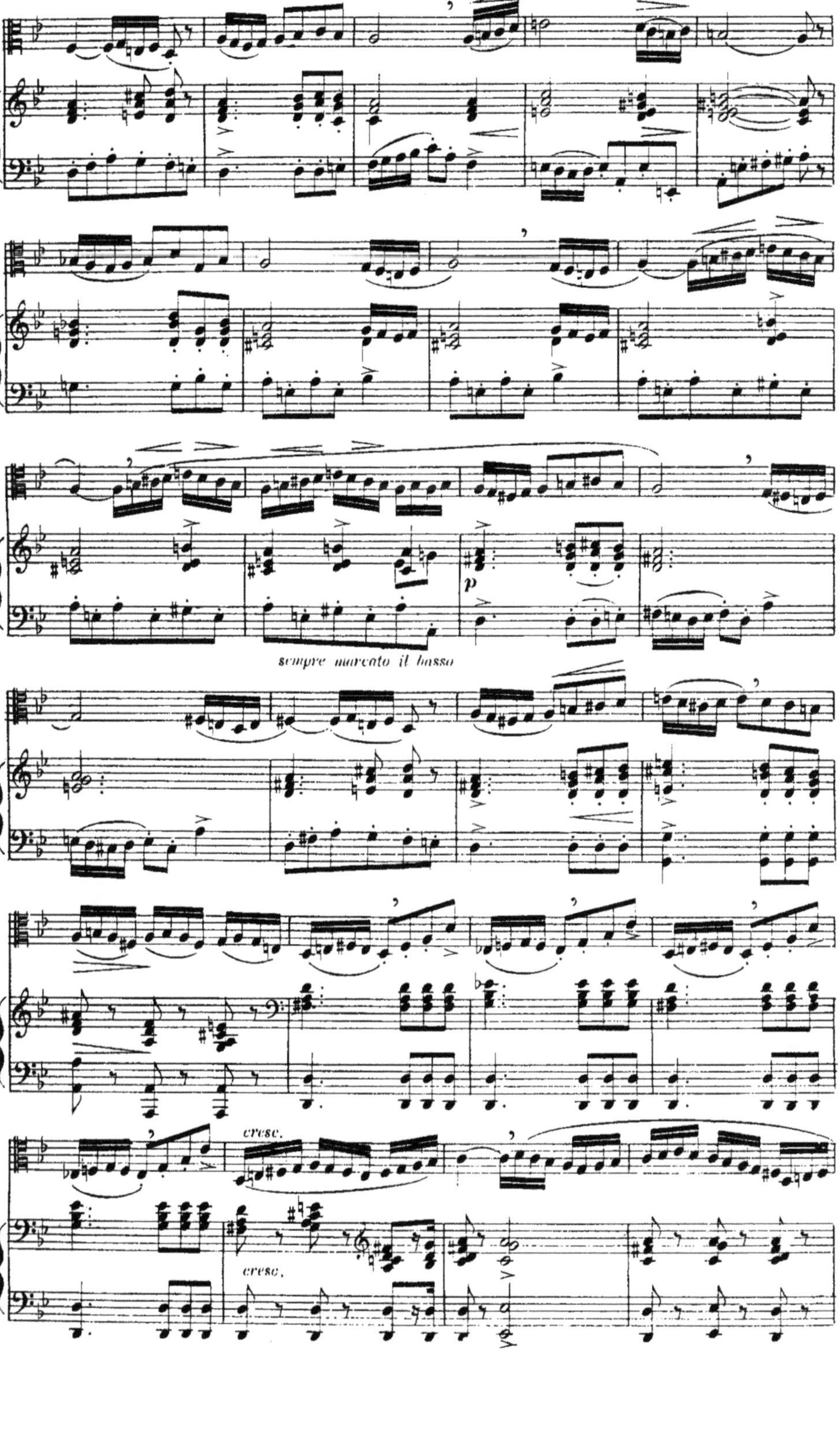
p
sempre marcato il basso
cresc.
cresc.

CHANGEMENTS DE CLÉS

(LES CINQ CLÉS USITÉES)

Allº giusto

Nº 57

f

67

p
sf
p
cresc.
cresc.
f
f
p
p
p e cresc.
p e cresc.
f
f
p e cresc.
rit.
suivez

1º tempo

CHANGEMENTS DE CLÉS

(LES CINQ CLÉS USITÉES)

A.

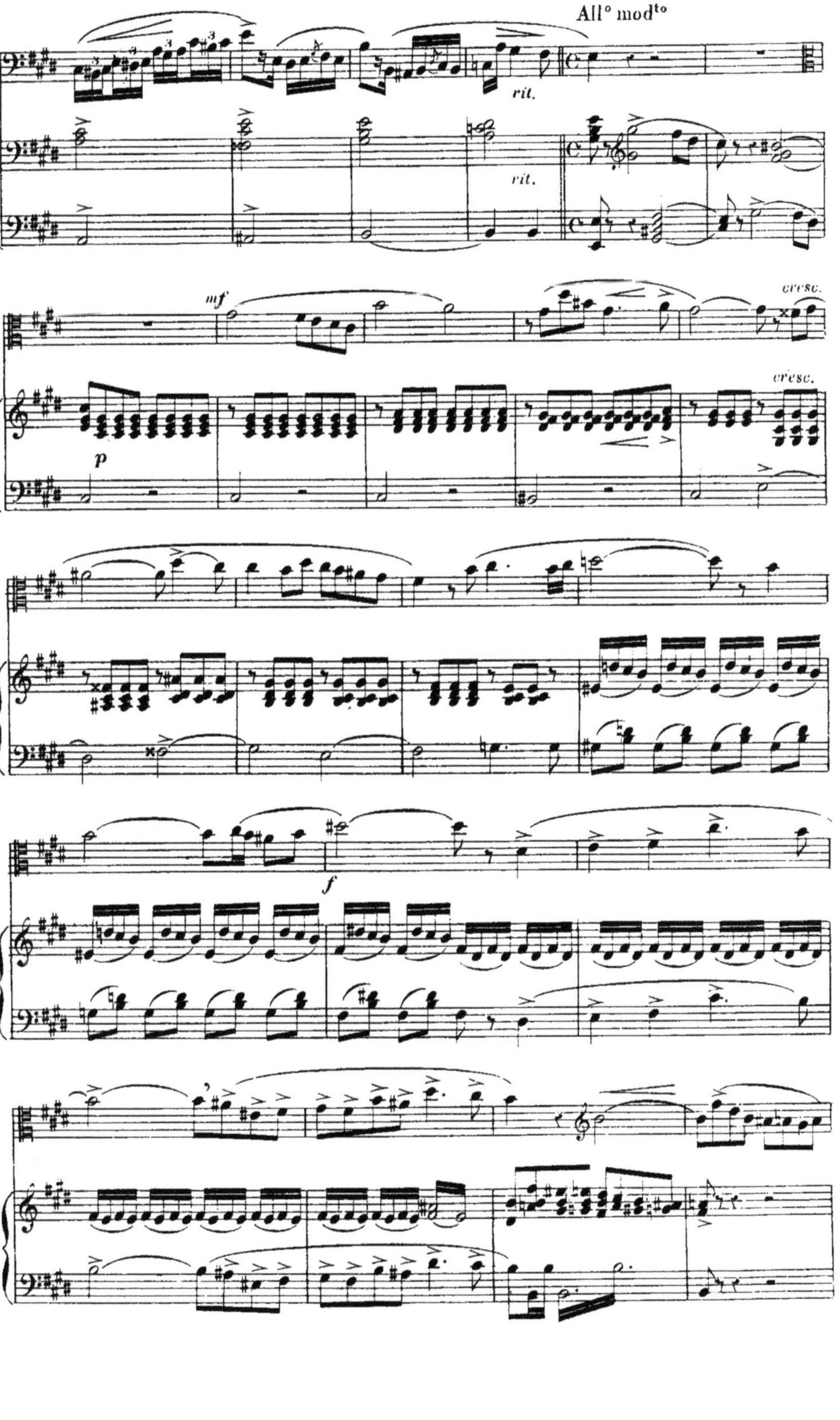
All° modto
rit.
rit.
mf
cresc.
cresc.
p
f

All° giusto e brillante
f
f
p
p
sf
sf
dolce
dolce

mf
f
ff
f
p e cres - cen - do
p e cres
cen
do
1a volta
f poco rit
p e cresc
a tempo
2a volta
f poco rit.
a tempo

rit.
a tempo

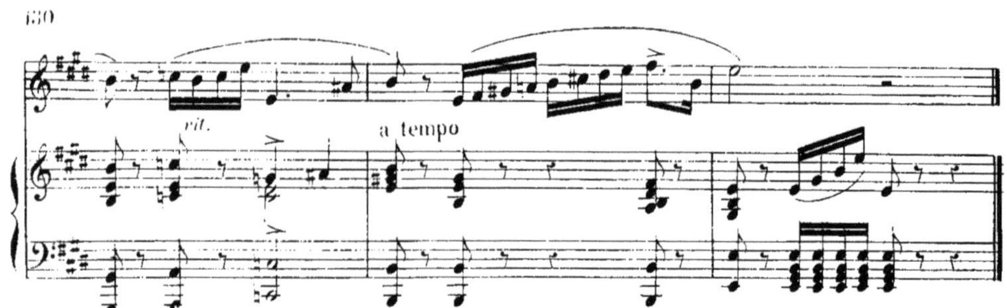

CHANGEMENTS DE CLÉS.

(LES CINQ CLÉS USITÉES)

Nº 59.

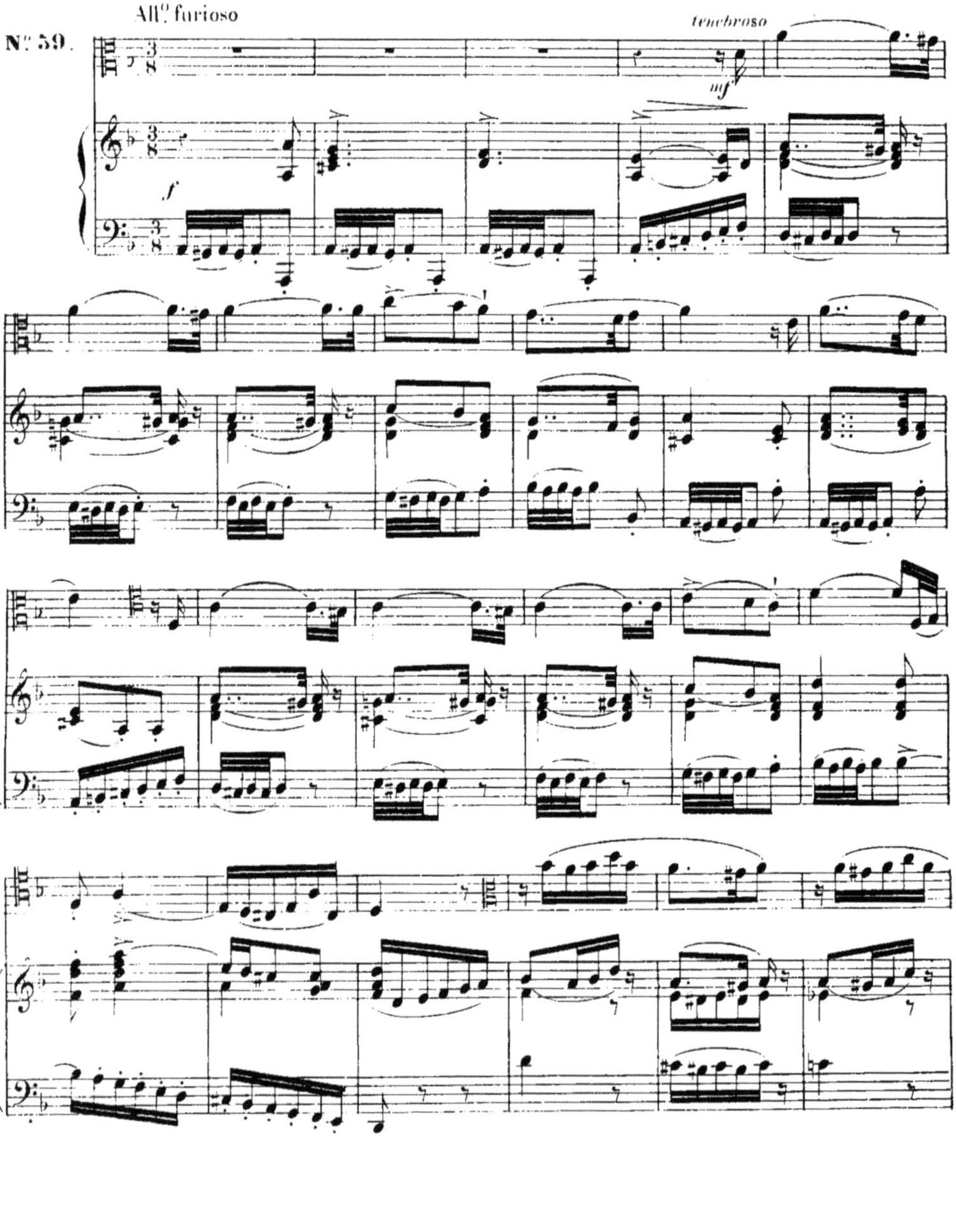
All.º furioso
tenebroso
mf
f

f rit.
a tempo
staccato

(*) Les valeurs de notes conservent leur mouvement primitif.

allarg. un poco
a tempo
allarg.

CHANGEMENTS DE CLÉS

(LES CINQ CLÉS USITÉES)

f rit

f rit

sempre leggiero

p

I° tempo

p

poco rit

a tempo

poco rit

L. PARENT. Grav R. Rodier 61

Imp. Delanchy & Cie Fg St Denis 51-53.